BEI GRIN MACHT SICH IHR WISSEN BEZAHLT

Gebhard Deißler

Schnappt die deutsche Xeno-Falle zu?

GRIN Verlag

Bibliografische Information der Deutschen Nationalbibliothek:

Die Deutsche Bibliothek verzeichnet diese Publikation in der Deutschen National-
bibliografie; detaillierte bibliografische Daten sind im Internet über http://dnb.d-
nb.de/ abrufbar.

Impressum:

Copyright © 2013 GRIN Verlag GmbH
Druck und Bindung: Books on Demand GmbH, Norderstedt Germany
ISBN: 978-3-656-56687-8

Dieses Buch bei GRIN:

http://www.grin.com/de/e-book/215801/schnappt-die-deutsche-xeno-falle-zu

Transcultural Management

Gebhard Deißler D.E.A./UNIV. PARIS I

SCHNAPPT DIE DEUTSCHE XENO-FALLE ZU?

Grin Verlag

Interkulturelles- u. Transkulturelles Management (German)

Intercultural &Transcultural Management (English)

Gestion Interculturelle et Gestion Transculturelle (French)

Gerencia Intercultural y Gerencia Transcultural (Spanish)

Gerência Intercultural e Gerência Transcultural (Portuguese)

跨文化的智慧精髓 - kua wen hua de zhi hui jing sui (Chinese)

транскультурная компетенция - transkulturnaja
kompetencija (Russian)

toransukaruchā   ・ manējimento (Japanese)
トランスカルチャー ・ マネジメント

Vishua Chaytana (Sanskrit)

INHALTSVERZEICHNIS

1

Visionen und Modellierung eines multikulturellen Deutschland: Ein kulturhistorisches Experiment

Diese Erörterung ist kein Plädoyer gegen oder für Immigration unter ideologischem Blickwinkel, sondern Evidenz für einen roten Faden in den eigen-fremdkulturellen Wechselwirkungen, dessen Kenntnis und Verständnis im Hinblick auf die Formulierung einer angemessenen intrakulturellen Kulturpolitik vonnöten erscheint. Ohne diese Bewusstwerdung bleibt die Bewältigung der Migration, Integration und Partizipation ein auf Sand statt auf zeitresistenten Fels gegründetes historisches Deutschlandprojekt, das alsbald vom Strom der Zeit hinweggespült und seinerseits ein unüberschaubare gesellschaftliche Wellendynamik, bis hin zu einem Tsunami des Kulturkampfes entfachen könnte.

Eigen-fremdkultureller Wechselwirkungen bewusstes Kulturmanagement und strategisches politisch-gesellschaftliches Kulturmanagement im Lichte der Evidenz historischer kultureller Dynamiken, die eine Gesetzmäßigkeit offenbaren und die man im Hinblick auf das intrakulturelle Kulturmanagement in diesem Land und in unserer Zeit nicht ignorieren kann, sind ein wesentlicher Tenor dieser Exposés.

Denn, ansonsten könnte die „Xenofalle" (die kulturelle Falle, die durch das kulturell unangemessene politisch-gesellschaftliche intrakulturelle Kulturmanagement entsteht) zuschnappen. Und niemand, ob Bürger, Gesellschaft oder Staat möchte in einer Falle gefangen sein, die die Freiheit und Selbstbestimmung auf unüberschaubare Zeit irreversibel beendet. Es wäre die Negation unserer Grundwerte der nationalen Einigkeit, kulturellen und demokratischen Gerechtigkeit, und solidarischen Brüderlichkeit, sowie der im Grundgesetz expressis verbis formulierten und vom Bundesverfassungsgericht in den fünfziger Jahren interpretierten und detaillierten Grundrechte der Bürger der Bundesrepublik Deutschland.

Auch müssen die Rechte des Staates in der Gestalt einer zeitgeistrelativen Regierung mit ihren bedingten gesellschaftlichen Zukunftsvorstellungen einerseits und die Grundrechte und Bedürfnisse der Bürger langfristig in Einklang gebracht werden.

Hier sollen auch nicht US-amerikanische kulturelle Schmelztiegel- (eine zentrale amerikanische Konvergenzkultur für alle kulturelle Diversitätsintegration der Einwandererkulturen-Mitglieder), kanadische Salatschüssel- (gezielte Förderung diverser immigrierter kultureller Ethnien), brasilianische oder andere kontextspezifische Kulturmodelle im Hinblick auf ihre Anwendbarkeit auf des Einwanderungs- und Integrationsland Deutschland mit seinen kulturellen Integrationserfordernissen überprüft und Inspirationen für die Durchsetzung einer politisch erwünschten und erforderlich erscheinenden Leitkultur gewonnen werden, sondern es geht vielmehr um eine spezifisch deutsche Kulturexploration grundsätzlicher Art, auf deren Basis man zentrale und unabdingbare kulturelle Selbsterkenntnis gewinnen kann. Auf dieser kann man eine angemessene Einwanderungs- und intrakulturelle Kulturpolitik formulieren.

Dabei stehen auch wünschenswerte intrakulturelle interkulturelle Synergien, die Beilegung intrakultureller Antagonismen und latenter Konflikte und die diversen Modelle der friedlichen Koexistenz und Partizipation diverser Ethnien und kulturelle

Kooperation und Partizipation in einem Integrators- oder Einwanderungsland nicht primär im Rampenlicht der Erörterung, sondern die deutsche kulturgeschichtliche Evidenz mit ihrer Dynamik und ihrem Impact.

Die Aufarbeitung der kulturellen Defizite erfordert vielmehr eine grundsätzliche Herangehensweise, um eine angemessene Kultur- und Einwanderungspolitik zu formulieren und diese in eine kulturell nachhaltige Praxis umzusetzen, die bislang theorieresistent und im intrakulturellen Alltag noch von diversen sozialunverträglichen Machtdynamiken geprägt zu sein scheint.

Experimente sind naturgemäß ambivalent. Die Etymologie des Begriffes Experiment verweist auf die Erfahrungskomponente darin. Doch es gibt Szenarien, bei denen man nicht, wie im Labor, Experimente vielmals wiederholen und mit verschiedenen Kontexten und Variationen der Inputs in das Experiment gewissermaßen spielen kann, um dann ein Optimum zu finden, das man dann in der Praxis, in größerem Rahmen und mit einiger Sicherheit was die Folgen anbelangt, realisieren kann. Viele Szenarien sind eher vergleichbar mit dem Poker oder dem Roulette, wobei man alles gewinnen oder auch augenblicklich alles verlieren kann und wo Fortuna keine oder nur geringfügige Reiterationen erlaubt. Das heißt, wenn man dabei einen Fehler gemacht hat, dann ist dieser, wenn überhaupt, nur schwer revidierbar. Im menschlichen Bereich sollten Experimente daher tunlichst unterlassen werden.

Im Falle der Kulturpolitik im Sinne der Einwanderungspolitik oder der demographischen Zukunftsoptionen kann man zwar - da es keine wirklich verlässlichen Präzedenzen für unser Land gibt - nach dem Prinzip des Versuchs und des Irrtums vorgehen, doch dies bewirkt immer ein Quantum an Risiko, das alsbald schwer managebar zu sein scheint.

Deutschland hat kulturastigmatisch mit hohem Risiko im Hinblick auf die Einwanderungspolitik gepokert, um den ganz großen nationalen Wirtschaftsgewinn zu erringen. Das ist beinahe ins Auge gegangen und es ist bereits kaum noch revidierbar, da die Ausländer, die man kurzsichtig für vorübergehende menschliche Import-Inputs in der Nationalökonomie zu deren Effizienzsteigerung hielt, die man bei Bedarf wieder freisetzen könnte, ohne größere Rechenschaft darüber ablegen zu müssen, hierhergekommen sind, um zu bleiben und den Kuchen, den sie miterwirtschaftet haben, voll und ganz mit den Einheimischen zu teilen gedenken.

Die Geister, die man in deutscher Zauberlehrlingsmanier gerufen hat, wurde man nicht mehr los, im Gegenteil, es hat sich eine gesellschaftliche Abhängigkeit davon ergeben, der man nun fassungs- und machtlos gegenübersteht und die unvorhergesehene Proportionen anzunehmen droht, die sich mehr und mehr der gesellschaftlichen Kontrolle entziehen zu scheinen. Die losgetretene Lawine ist zu einem Selbstläufer geworden, der nicht mehr zu bremsen ist und die, wie jede Lawine, katastrophale Ausmaße annehmen und vieles unter sich begraben kann, ohne dass irgendjemand oder irgendetwas sich ihr in den Weg stellen könnte. Was mit einem scheinbar harmlosem Schneeballspiel zur gesellschaftlichen Ergötzung und unverbindlichen exotisch-pragmatischen Bereicherung heimischer Lande begann, ist mit unversehens, mit der Zeit, als verheerende Lawine über das deutsche Volk hereingebrochen, während alle lustig weiterspielten und gar nicht merkten, was hier zu entstehen im Begriff war.

In der asiatischen Kriegsstrategie versucht man, gezielt die Natur gegen den Feind zu dessen Vernichtung einzusetzen. Man kann beispielsweise Baumstämme einen Berg herunterrollen, wie es im Indiochinakrieg geschehen ist oder eine Lawine auslösen, um die feindlichen Truppen damit zu überrollen, wie es in der Geschichte bereits geschehen ist. Doch kaum eine Gesellschaft ist wohl so suizidär und unbedarft, dass sie die Waffe der Natur gegen sich selbst einsetzt. Zumindest ist dies geschichtlich nicht geläufig, es sei denn, um einen inneren Feind zu besiegen.

Überträgt man dieses Strategem auf die Gesellschaft und ihre demographischen Bedingungen, so könnte man beispielsweise ein Volk mit einer fremden ethnischen Lawine überrollen und es somit durch eine andere Ethnie substituieren. Je nach Art

8

und Intensität führt dies zu Formen der ethnischen Säuberung. Es ist ein feindseliger Akt par excellence, da er nicht die Infrastruktur des Feindes oder sein Kriegsmaterial, ja selbst seine Armee, vernichtet, während sich das Volk nach dem Krieg wieder regenerieren kann. Nein, diese Strategie zielt auf die Zerstörung der Substanz der Gesellschaft ab, sodass sie sich nicht mehr in gewohnter Weise, wie es nach militärischen Konflikten in der Regel der Fall ist, regenerieren kann. Die Lawine soll die bestehende kollektiv menschliche Substanz gewissermaßen regelrecht unter sich begraben, sodass ein neues und anderes Folgegebilde das alte ablösen kann. Hierbei handelt es sich zweifelsfrei um feindselige Akte, die an extreme Formen des Imperialismus oder der Diktatur erinnern. Aber sie werden immer noch international und intrakulturell eingesetzt:

Man denke beispielsweis nur an Tibet, dessen resistente Kultur man im Wege der Ein-China-Politik nur im Wege eines progressiven Han-chinesischen ethnischen Inputs demographisch à la longue zu besiegen sucht. Es ist eine indirekte Eroberungsstrategie, in der die Zeit zugunsten der Eroberer zu spielen scheint. Mit der Zeit wird das demographisch-ethnische Gleichgewicht kippen und die kulturell eroberungsrestente Zielkultur wird durch die kulturtypische Ausdauer und langfristige historische konfuzianische Strategie der Sun Tzu'schen Kriegskunst dem strategisch politischen Zentrum des Landes der Mitte in Peking als reife Frucht von selbst den Schoß fallen. Die Lawine ist im Rollen, gleich wieviele Stupas und Gebetsmühen dies zu verhindern suchen, die bislang die kulturelle Widerstandskraft symbolisieren. So ist zumindest das imperialistische Kalkül der Ein-China-Politik Pekings. Und die hat ein sehr langfristiges Gedächtnis und vergisst keines ihrer Schäfchen, weder Tibet noch Taiwan, noch andere von Japan beanspruchten Territorien... Es gibt also bis in unsere Tage hinein Beispiele für den Sieg über eine Gesellschaft im Wege der Kulturpolitik, oder der ethnisch-demographischen Strategie auf lange Sicht, die todsicher wie eine Lawine ist, demographisch ebenso wie urweltlich. Die Naturgewalt ist unerbittlich und verschont nichts und niemand.

9

Kriegsstrategie vom Feinsten, die man höchsten seinen ärgsten Feinden angedeihen lässt.

Welches Volk käme aber unter normalen Bedingungen auf die letale Idee, sich derartigen Horror selbst zuzufügen. Es müsste den Glauben an sich und seine Zukunft gänzlich verloren haben und gleich den Nazischerken zur ultimativen Lösung greifen wollen, wenn die Dinge nicht nach Plan laufen sollten, wie es der Fall war und man mit einem derartigen Gesichtsverlust und existenziellen Folgen einfach nicht fertig geworden wäre.

Deutschland möchte um jeden Preis groß sein, auch zu dem der Auslösung einer seine angestammte Kultur vernichtenden ethnischen Lawine, die alsbald ihre eigne Logik der Irreversibilität annimmt. Es pokert zu hoch. Alles gewinnen wollen zum Preis der ethnischen Selbstzerstörung! Und doch ist dieses Szenario dem vorausgehenden, sehr extremen der Naziepoche, nicht eben unähnlich. Alles haben oder alles zerstören wollen, inklusive seiner selbst. Und es ist ein realistisches Szenario, da Ausgänge völlig unvorhersehbar sind. Doch wie rational ist ein derartiges Verhalten? Ist es die unbewusste Fortschreibung des alten Größenwahnsinns durch die ökonomische Hintertür, dessen Erfüllung auf martialisch, rassistischem Wege versagt blieb? Und gibt es eine Iterationswahrscheinlichkeit des Alten im neuen Gewand? Die kulturellen Grundtendenzen einer Gesellschaft scheinen sich, laut interkultureller Forschung, nur gering und wenn, dann nur sehr langfristig zu ändern. Deutschland muss sich also prüfen, ob es in Zyklen seiner stets an den Abgrund führenden soziopsychologischen Tendenzen gefangen ist, die es wie unerbittliche Programme steuern, solange sie nicht bewusst gemacht werden. Ihr logisch-rational einwandfrei anmutendes Erscheinungsbild scheint doch durchaus sinnvoll und vernunftgesteuert zu sein! Ist es das wirklich? Das sind Fragen, denen man sich stellen muss, um langfristig demographisch wirklich nachhaltig-sinnvolle Demographiepolitik zu planen und zu realisieren.

Die Unbewusstheit der Prozesse würde zu den unverantwortlich hohen Einsätzen und Risiken passen. Ebenso auch die Ignorierung oder die Akzeptanz der Selbstvernichtung in der Folge. Es scheint vielmehr auf Irrationalität als auf Rationalität im Sinne vernunftbasierter Intelligenz hinzudeuten! Und man wird daher Bedenken leichtfertig von der Hand weisen und gleich einem Poker- oder Roulettespieler, der von der Gewinnaussicht hypnotisiert ist oder vergleichbar mit einem Drogenabhängigen, nicht vom abhängigen Ansinnen ablassen können. Irgendein Problem scheint nicht gelöst zu sein, das die Akteure stets zu diesem Abhängigkeitsverhalten rückkehren lässt. Was ist analog in der deutschen Psyche nicht gelöst, sodass sie derartige Risiken eingeht? Nun, es hat mit der Identität zu tun:

Man hat ein Bild mythischer Größe von sich, das man mit allen Mitteln, einschließlich der Selbstzerstörung zu realisieren sucht, wenn das absolute Ziel nicht erreichbar ist. Daher sollte jegliche Einwanderungspolitik, die als ethnische Lawine wirken kann, von einer kollektiven Psychoanalyse begleitet sein, die die tieferen Motive anscheinend vernünftiger wirtschaftlicher und politische Motive sondiert. Vielleicht kommt man dann zu einer Kurskorrektur der Einwanderungspolitik im Lichte der Bewusstwerdung der verborgenen Motivationen hinter den Oberflächenmotivationen. Dadurch könnte man sich große und irreversible politische Fehlleistungen eventuell ersparen und demographisch verträglichere Alternativszenarien entwickeln, die etwas bescheidener ausfallen könnten, aber weniger risikobehaftet sind. Und vielleicht haben die dann langfristig sogar bessere Aussichten nationales Profil und Potenz zu generieren als jene exzessiv riskante Politik.

Wie würde sich das autochthone Fortpflanzungsverhalten beispielsweise bei durchaus realistischen idealen sozialen Rahmenbedingungen entwickeln? Könnte man das nationale Fortpflanzungsgebaren lenken, um ein Natalitätsniveau zu erreichen, das die exzessive Einwanderungspolitik gar nicht erfordern würde und die sogar kontraproduktiv für diesen kulturellen Wandel wäre. Die große Drachen- und Elefantenkulturen können sich ihrer Fortpflanzungsfreude kaum erwehren und das geostrategische Zentrum der Welt verlagert sich bereits zunehmend in ihren Bereich. Patriarchalische Kulturen mit der Familie als zentralem Wert und Prototyp aller sozialen Organisation räumen der Familie einen Stellenwert ein, der auch hierzulande emulationswürdig wäre. Es würde genügen von anderen Kulturen zu lernen, statt sie gleich in Bausch un Bogen zu importieren und die einheimische Kultur für Folgegenrationen irreversibel fremdkulturell zu pfropfen. Doch auch dies liegt im Bereich der kulturellen Werte, die wiederum mit der heimischen Crux der kulturellen Identität einhergehen. Frankreich, das hier weniger belastet scheint, kann hierbei auch in mancher Hinsicht ein kultureller Lehrmeister sein, wenn es in wirtschaftlicher Hinsicht auch Belehrung zu brauchen scheinen mag. Doch ist die demographische Strategie nicht Teil der Wirtschaftsstrategie, aber noch viel fundamentalerer Natur? Ob die Wirtschaft nun floriert oder dahinonduliert, was ist das im Vergleich zur Frage nach der Substanz und der geschichtlichen Permanenz eines Volkes? Das Belehren gilt es also durch fundamentalere Ebenen der Analyse zu relativieren und dann kann sich das Lehrer –Schüler Verhältnis im Nu umkehren.

Dies bedeutet keinen Einwanderungsstopp, da die Überbrückung dieser längerfristigen demographischen Strategie Einwanderung erforderlich macht, während sie die Unterbindung des Lawinenprozesses bewirkt. In jedem Fall erfordert es eine Überwindung des kulturellen Astigmatismus und des Alles oder Nichts, hier und jetzt haben Müssens eines wenig rationalen Verhaltens, das eher an abnormale als an gesunde menschliche Verhaltensweisen erinnert.

Deutschland und seine Führung haben durch Verführung die zerstörerischste Lawine der modernen Geschichte losgetreten, nachdem es bereits die der Reformation, sowie die des Marxismus losgetreten hat, die allesamt bis heute noch nicht zur Ruhe gekommen sind und ihr zerstörerisches Werk, gleich einem Tsunami auf dem Meer der Menschheitsgeschichte, in der Zeit, ohne absehbares Ende fortsetzen.

Nemesis hat Fortuna gegenüber Nachsicht geübt und diesem Land eine gerechte historische Kompensierungschance zuteilwerden lassen, indem sie ihm in der Nachkriegsära die Möglichkeit darbot, eine Welle, ja sogar einen Tsunami des Friedens in Europa und der Welt und in Deutschland auszulösen. Unter der Ägide der Alliierten und mit einem derart inspirierten Grundgesetz, das der Menschenwürde als unantastbarem und unveräußerlichem Gut die höchste Priorität einräumt, selbst wenn diese innovativen Konzepte in der Praxis damals für die breite Öffentlichkeit völlig fremd und gleich böhmischen Dörfern sogar der vermeintlichen geistigen Elite kryptisch anmuteten. Schließlich konnte diese neue Elite in der Gestalt des Bundesverfassungsgereichtes diese Zielvorstellungen erst in den fünfziger Jahren mit Substanz erfüllen, während jedoch bis zum heutigen Tag eine meilenweite Lücke im Hinblick auf deren praktische Umsetzung klafft und der Graben sich eher zu vergrößern statt überbrückbarer zu sein scheint, sodass das autoritäre Business as Usual mit seinen unseligen politischen und gesellschaftlichen Gewaltakten im Inland und gegenüber der internationalen Gesellschaft wieder in den deutschen politischen und gesellschaftlichen Alltag einkehrte, der sich als linker und rechter Extremismus und Terrorismus, sowie Autoritarismus und defizitäre Demokratie in diverser Gestalt manifestierte.

Die Wellen oder Lawinen geistiger Art erzeugen Folgelawinen oder eine Wellendynamik, die kaum zum Erliegen gebracht werden kann; gegebenenfalls nur mit Hilfe des Auslandes, das frei von dieser historisch-kulturellen Erblast ist. Deutschland als Hort des Frieders in der Welt ist nicht eingetreten. Die universelle Welle der geistigen Wiedergutmachung zerschellte alsbald auf dem Granit zeitüberdaurnder Tendenzen. Der Verlust des Humanen, der Solidarität und des Altruismus, sowie der familienunfreundliche Säkularisierungsimpact haben eine geburtszynische Einstellung und damit demographische Herausforderungen ausgelöst, die man durch familienfeindlichere Kulturen zu kompensieren sucht, statt zuerst das eigene Haus in Ordnung zu bringen und statt anderen Kulturen als Leihgebärmütter zu kolonisieren. Was die weiblichen nationalen Gebärmaschinen des Führers nicht vermochten sollen nun die fremdkulturellen durch die kulturelle und wirtschaftliche Hintertür bewerkstelligen und damit den Luxus der deutschen wirtschaftlichen und politischen Machtgratifikation und der Anmaßung kultivieren.

Deutschland sollte zum Schauplatz des strategischen Showdowns der Systeme werden, so war das ost-westliche strategische Kalkül und Verständnis. Dies war die nächste Station der historischen Lawinensymptomatik. Und die nachfolgende ist die des historischen multikulturellen Deutschlandprojektes das wenigstes innenpolitisch eine Welle der friedlichen Koexistenz multikultureller Diversität realisieren könnte, sodass über diesen Weg ein nachahmenswertes Leuchtfeuer für globales friedliches Miteinander der Kulturen der Welt im globalen Zeitalter entstünde.

Doch hier scheint, entgegen der Langmut von Nemesis und Fortuna, eine zyklische Wiederholung der tradierten kulturellen Tendenzen stattzufinden, die man in folgendem kulturhistorischen vier-Phasenmodell zusammenfassen kann.

1. Die Zerstörung fremder Kulturen zur Huldigung eigenkultureller Identität durch fremdkulturellen Genozid-
2. Die Instrumentalisierung fremder Kulturen für den nun erforderlichen Wiederaufbau.
3. Die fremdkulturelle Option für die demographische Sanierung der Nation.
4. Schließlich die Sanierung der Identität durch eine Form des intrakulturellen Röstigrabens und die damit einhergehenden negativen Abgrenzung des Fremd- vom Eigenkulturellen und dem somit erneuten, friedlicher erscheinenden Versuch der Erlangung einer kulturellen Identität über die intrakulturellen fremdkulturellen Ethnien.

Die vier Phasen der mit der kollektiven Hybris und kulturellen Anmaßung ausgelösten Lawinenverkettung findet auf fremdkulturellem Rücken statt, weil ein

Land seine kulturelle Identitätsfrage zulasten Dritter, statt in und bei sich selbst lösen wollte und dies weiterhin zu beabsichtigen scheint. Wo soll diese zyklische Wellenbewegung noch hinführen? Wenn dieser Zyklus nun nicht endlich greift und identitätsbewirkend fruchtet, dann beginnt womöglich ein neuer Zirkulus vitiosus, bis die geistige Architektur der Menschen dieser Kultur endlich im Lot ist und somit keine fremdkulturellen Kompensierungsexperimente mehr erforderlich sind. Diese innere Integration des Menschen und der Kulturen ist unabdingbar und es gibt keinen Frieden, bis ein gewisser Grad innerer Einheit und Kohärenz des Wesens erreicht ist. Sie begründen die kulturelle Identität und damit eine Friedensperspektive.

2

Die xenologische Falle und der Fall

Deutschland

Im vorausgehenden Kapitel haben wir die Identitätsfrage als zentralen Auslöser der kulturellen Lawinen- und Wellendynamik erkannt, die nicht kryptogenetisch, sondern vielmehr schlicht auf Prozessen des Bewusstseins mit dem weniger Bewussten oder Unterbewussten bei notorischer historischer Anmaßung gründet.

Zur Kompensierung dieser Schwächen werden stets andere Kulturen instrumentalisiert. Es ist Teil des Vermächtnisses der kulturellen Lawinen- oder Wellensymptomatik, die erst durch Bewusstwerdung resorbiert und zur Ruhe kommen kann. In dieser bewussten Realisierung im Sine des kausalen Verständnisses der endlos diffundierenden Dynamik kann eine von ihrem Kollateralschäden bereinigte Identität entstehen, die nach innen und außen friedfertig ist, weil sie im Inneren des Menschen erfolgt ist, was sich nunmehr als sozialer, intrakultureller und interkultureller Friede externalisiert:

Der Nazismus hat seine Identitätsdefizite intrakulturell und international durch dessen Externalisierung als Völkermord zu kompensieren versucht.

Das auf innerer Schwäche gründende Identitätsdefizit gedacht, in Fortschreibung der als kultureller Tenor identifizierten losgetretenen und keine Ruhe findenden Lawinen- oder Wellendynamik, wie es für einer langfristig-überzeitlichen Beobachter der Landeskultur vorhersehbar ist, auch das Wirtschaftswunder des Wiederaufbaus und der Prosperität nach dem tradierten Muster der Instrumentalisierung fremder Ethnien zu vollbringen. Doch damit nicht genug, nach der quasi Realisierung dieser bedeutsamen historischen Leistung soll nun die Welle oder Lawine im Zuge ihrer Ausbreitung auch noch die Probleme der deutschen demographischen Nöte bewältigen – und natürlich wiederum, in Einklang mit dem kulturellen Tenor dieser Lawinen- oder Wellendynamik, mit Hilfe und auf Kosten fremder Völker.

Vom Nazismus der übersteigerten Identitätskompensation und dem damit einhergehenden Genozid für die kollektive Selbstrealisierungshybris über das Wirtschaftswunder und über die geplante Rettung Deutschlands in seiner menschlichen Substanz, bis hin zur finalen Identitätskonsolidierung, spielen Fremdkulturen stets eine zentralen Rolle. Deshalb ist für die Schaffung einer systematischen Xenologie zu plädieren, die dieses Phänomen des Fremden und seine Bedeutung in Bezug zum Eigenen ebenso gründlich erforscht, wie es in Technik, Wissenschaft und Wirtschaftseffektivität, wenn auch kurzfristig, der Fall zu sein scheint, obgleich und eben weil die innere Dimension mit ihren kausal wirkenden Defiziten und somit ihrer Unbeherrschbarkeit aus Gründen einer latenten inneren psychologischen Schwäche ausgeklammert wird. Wenn die innere und die äußere Entwicklung einen Gleichklang erreicht haben, dann kann man von einer Trendwende ausgehen.

Diese systematische Instrumentalisierung fremder Kulturen verleiht jenen Kulturen große Macht als Realisierungsfaktor im Hinblick auf die eigenkulturelle Identität und Effektivität. Sie muss schließlich in einer beherrschenden Machtposition gegenüber der Eigenkultur gipfeln und alle kulturellen und damit langfristigen politischen und wirtschaftlichen Gleichgewichte zugunsten des Fremdkulturellen verändern. Dies ist nur eine logische Progression der Lawinen- und Wellendynamik, die, ebenso wie in der Natur, unaufhaltsam in der Zeit wirkt.

Eine versäumte Einwanderungspolitik ex post kann da sehr wahrscheinlich nur noch kosmetischen Impact haben. Alia iacta est! Rubicon transitus! Die kulturellen Tendenzen erfüllen sich mit Naturgewalt, während der Mensch und die Gesellschaft inklusive der strategischen Entscheider und Politiker auf einen Zuschauerrang in der Arena der kulturellen Machtverhältnisse mit ihren Dynamiken reduziert sind, wo sie dem Geschehen ohne Möglichkeit der Steuerung hilflos und sprachlos ausgeliefert sind, denn in der deutschen kulturellen Arena hat deutsche Sprache und Kultur keine Leitfunktion mehr. Und somit bestimmen die Kanonen fremdkultureller Werte das Geschick eines Volkes, das angetreten ist, alles zu gewinnen, auch zum Preis des eigenen Niedergangs. Einige Deutsche, die das kulturelle Schiff Deutschland desertieren, versuchen in ihren lokalen Dialekten und kulturellen Eigenheiten und Traditionen Zuflucht zu nehmen und wollen sie sowohl, sich selbstbehauptend, intra- und interkulturell kompromisslos durchsetzen. Es führt zu einer Eskalation der kulturellen Selbstbehauptungsdialektik; einer kulturellen Konfliktspirale, die intrakulturelle Verwerfungen bewirkt, die Migranten verwirrend, diese mangels einer integrativen Zielkultur - und nun zielkulturresistent und integrationsunwillig geworden - auf ihre Heimatkultur im Gastland zurückwirft und die Gastlandkultur dann nur noch opportunistisch für ihre rein materiellen, kurzfristigen Zwecke zu instrumentalisieren gedenkt, ohne sich damit hinsichtlich ihrer Werte, Normen und Traditionen solidarisch zu erweisen. Ein Zirkulus vitiosus, der bei einer weniger astigmatischen Kulturpolitik ein nationalkultureller Zirkulus virtuosus sein könnte und sollte, wie es bei unseren europäischen Nachbarn mit einer implizit und explizit integrativen Nationalkultur trotz ihrer intrakultureller Diversität in der Regel der Fall ist. Das Schicksal eines kulturell uneinigen, formalpolitisch vereinten Landes. Fazit: die deutschen Hausaufgaben sind alles andere als gemacht, ja man gedenkt nicht einmal, sie zu machen.

Die kulturelle Hybris hat sich negativ saldiert. Der Preis ist hoch und Nemesis, die eine Chance gewährte, rächt sich nun erneut und sie kennt keine Gnade. Die Zyklen fremdkultureller Usurpierung fordern nun den Preis der eigenkulturellen Relativierung und sogar des kulturellen Endes eines stolzen Volkes, das zu einer kulturellen Führerschaft in der Welt berufen schien und avancieren hätte können. Man bedenke, dass historisch sogar erwogen wurde, selbst in Nordamerika die deutsche Sprache zu institutionalisieren. Doch es ist über seinen eigenen Schatten der kulturellen Anmaßung und ihrer zyklischen Iteration gestolpert, weil es keinen anderen Weg der Selbstrealisierung erkannte.

Gibt es jenes Quid oder jenen geheimnisvollen Herrscher, der nun das Wunder der deutschen Rettung und Rehabilitierung vollbringen könnte, ohne das Rad des deutschen Schicksals, wie das Swastika, wieder in die falsche Richtung zu drehen und somit keine weiteren Ursachen für Konflikte und propagierende Dynamiken zu bewirken.

In der alten Linde Gesang von der kommenden Zeit wird auf diese historisch-gesamtkulturelle Entwicklung Bezug genommen. Es ist zumindest als eine prophetische Reaktion auf zeitgenössische Sachverhalte zu interpretieren und in einem erleuchteten Geist zu sehen, der von seinen kulturellen Schatten möglichst bereinigt sein sollte. In den Strophen 24-26 sagt der Seher im Hinblick auf die Retablierung einer verlorengegangen, umfassenden Ordnung:

„Ja von Osten kommt der starke Held,

Ordnung bringend der verwirrten Welt,

Weiße Blumen um das Herz des Herrn,

Seinem Rufe folgt der Wackre gern

Alle Störer er zum Barren treibt,

Deutschem Reiche deutsche Rechte schreibt,

Bunter Fremdling, unwillkommner Gast,

Flieh die Flur, die nicht gepflügt du hast.

Gottes Held, ein unzertrennlich Band,

Schmiedest Du um alle deutsche Land,

Den verbannten führest du nach Rom,

Große Kaiserweihe schaut ein Dom…"

Quelle; Vision 2004, G. von Werdenberg Eigenverlag, 1994

Die Situationsanalyse ist deckungsgleich mit dem verbreiteten Gefühl eines Volkes, das sich infolge seiner kulturellen Fremdusurpierung nun selbst der Schmach der Usurpierung und Beschneidung seiner so sehr ersehnten Identitätsrechte ausgeliefert fühlt. Diese Prophezeiung scheint frappierend zutreffend. Die Intervention eines Helden Gottes und die Bezugnahme auf Rom als der Ort der Statthalterschaft Gottes auf Erden sind ein Hinweis darauf, dass nur eine übernatürliche Intervention der hier thematisierten kulturellen Lawine, die mit der Suche nach einer Identität außerhalb des Bereiches der christlichen Werte und Zivilisation, beginnend mit der Welle und Lawine der Reformation einsetzte, Einhalt gebieten kann.

Eine bescheidene, unanmaßende Interpretation bestünde darin, dass Deutschland durch eine Rückkehr zur ursprünglichen Schöpfungsordnung von dem Niedergang der letalen kulturellen Lawine oder von dem Fremdkulturen-Tsunami errettet werden kann. Der Seher sieht eine machtvolle Intervention aus dem Osten…. Und das Ganze vollzieht sich im Zeichen einer Wiederherstellung der Ordnung und des Friedens unter und in den Völkern. Wunschdenken? Messianische Erlösungssehnsucht von geschautem kulturellem, menschlichem Leid? Wir können es nicht wissen. Denn Gottes Weisheit ist über aller menschlichen Vorstellungskraft, ebenso sein Erbarmen und seine Gerechtigkeit, die über die menschliche Geistigkeit, die persönliche, wie die kulturelle, weit hinausgeht.

Wir haben keine Vorstellung von Gottes Plan für dieses Land mit seinen xenologischen und interdependenten eigenkulturellen Dynamiken, sowie der Welt, außer dass die Integrität der Schöpfung und des Menschen gewisse Werte- und Verhaltensanforderungen an die Menschen aller Kulturen stellen und dass allein dadurch kulturelle Probleme lösbar sind.

Das bedeutet, dass eine xenologische Politik im Einklang mit den Werten der christlichen Zivilisation, die auf kultureller Gerechtigkeit und Ethik gründet, initiiert werden muss. Deutschland muss endlich seine kulturelle Rechenschaftspflichtigkeit erkennen und das Erforderliche tun - ohne Schönfärberei und Sympathiehascherei - und endlich jene Hausaufgaben gesellschaftlicher Art, die es nie erledigt hat, aber stets von anderen, wenn auch anders gelagert, einfordert, nachreichen: Eine Politik der kulturellen Angemessenheit und Gerechtigkeit, die kulturelle Kolonisierer und Usurpatoren gleichermaßen and den Barren treibt!

Wenn diese politische Programmatik sich solidarisch und kooperativ mit dem Heilsplan Gottes erweist, der auf die Logik des einen Hirten und der einen Herde hinausläuft, dann kann die entfesselte zeitliche kulturelle Konfliktdynamik aufgehoben werden. Unter dieser Prämisse ist es niemals zu spät, das kulturelle Schiff Deutschland von seinem Kollisionskurs abzubringen. Die neuen Zielkoordinaten scheinen nun klarer erkennbar zu werden und es liegt bei den Strategie- und Politikgestaltern, sich des Erbarmens Gottes in der Praxis würdig zu erweisen und sich von den historischen Verkettungen menschlicher Schwächen zu befreien. Der so initiierte gesellschaftliche Tenor kann die Gesellschaft fraktal durchdringen, die erforderliche Bewusstheit bewirken und somit den Kern des Kulturproblems mit seinen kausalen Verkettungen menschenmöglich beherrschbar zu machen. Eine kollektive Selbstrealisierung außerhalb der Schöpfungsnormen, die erkennbar sind, kann nicht mit Erfolg beschieden sein, da sie das Karussell der identifizierten Dynamik antreibt. Es kann aber enden und darin besteht die hier formulierte Hoffnung, sofern der Mensch mit Gottes Gnade mitarbeitet. Somit kann die deutsche Kulturgeschichte von ihrem riskanten Experimentalcharakter mit sich selbst und der übrigen Welt bereinigt, steuer- und positiv prognostizierbarer gemacht werden.